LE PLAIN-CHANT ACCOMPAGNÉ

C.

LE
PLAIN-CHANT

ACCOMPAGNÉ AU MOYEN DES NOTIONS LES PLUS SIMPLES

RÉDUITES A

CINQ FORMULES HARMONIQUES

PAR

LÉON G. DALMIÈRES

ORGANISTE DE LA GRANDE ÉGLISE DE SAINT-ÉTIENNE

Laudate Dominum
in choro....... et organo.
(PSALM. CL. 4.)

A SAINT-ÉTIENNE, CHEZ L'AUTEUR

1856.

AVANT-PROPOS.

Ayant eu à former, dans ma carrière d'organiste, un certain nombre d'élèves pour l'accompagnement du Plain-Chant, je public aujourd'hui le résultat des remarques qui m'ont été suggérées soit par mon expérience, soit par les questions des élèves eux-mêmes.

La plus grande difficulté, pour ceux qui n'étaient pas déjà un peu pianistes, c'était le fréquent déplacement de la main gauche exigé par la théorie de différents auteurs, très-estimables sans doute, mais dont aucun, à mon avis, ne rend l'accompagnement facile, surtout ceux qui placent le chant à la basse (1).

Restait donc à résoudre le problème suivant :

« Comment trouver *le plus* de variété possible dans l'harmonie
« avec *le moins* de déplacement de la main. »

Le présent opuscule, qui a pour but de résoudre cette difficulté, n'aurait probablement pas été publié, bien que je l'eusse préparé de longue date, s'il ne me fût tombé sous la main un magnifique travail du **R. P. Lambillotte.**

---

(1) On voit tout de suite que je suis pour le chant à la main droite, mais le *chant tout seul*, laissant l'accompagnement à la main gauche, et la basse proprement dite à la pédale, quand on a un orgue à tuyaux.

6

Sans entrer ici dans le vif d'une question qui mènerait trop loin, et qui serait d'ailleurs sujette à controverse, on peut bien reprocher au **R. P.** Lambillotte d'avoir introduit beaucoup trop de l'élément profane dans la musique religieuse ; seulement, je suis d'avis qu'on n'aurait pas dû le lui reprocher avec autant d'amertume qu'on l'a fait dans certains recueils périodiques. S'il a dépassé le but, il a au moins entraîné à sa suite bien des compositeurs qui l'ont abandonné à un point convenable, pour rester à moitié chemin entre lui, qui allait trop loin, et ceux qui ne marchaient pas du tout. Si donc on a quelque reproche à lui faire, d'une part, je crois que, de l'autre, l'*Esthétique théorique et pratique du Chant Grégorien* replace Lambillotte au premier rang des auteurs qui ont travaillé à la restauration de la musique d'Eglise.

J'ai trouvé dans cet ouvrage une foule de choses que je croyais nécessaire de dire ; mais j'étais écrasé par la conviction de mon insuffisance à composer un ouvrage semblable. Maintenant j'oserai publier mon travail, et je puis même le restreindre au strict nécessaire, en ayant soin d'ajouter que quiconque voudra s'en servir avec fruit et une intelligence *complète* de la matière, devra aussi se procurer l'*Esthétique*. (Paris, Le Clère, in-8°. 7 fr. 50.)

C'est dans cette vue que je me suis dispensé de toute discussion, soit parce que la discussion suppose une foule de connaissances que je suis loin de posséder, soit parce que ce bon Père me paraît avoir tout élucidé bien mieux que je n'aurais su le faire moi-même.

Enfin, pour donner à mon travail un cachet plus spécial, et me renfermer dans l'*énoncé du titre*, je suppose que l'on connaît parfaitement tout ce qui est du ressort de la méthode *proprement dite*, et je ne traite que de l'accompagnement au moyen de cinq formules harmoniques devant être étudiées sur un clavier transpositeur. Sans cette ressource, l'accompagnement de certains *modes* du plain-chant cesse d'être quelque chose de simple ; car la transposition *pratique* est toujours un travail difficile, bien que, en *théorie*, on ait trouvé mille moyens de la rendre facile (1). Si les chantres, que vous accompagnez en transposant, voulaient et pouvaient vous attendre cinq ou six minutes sur chaque note, pour donner à votre esprit *le temps* de raisonner les rapports qu'il y a entre le ton réel et celui dont vous essayez de vous servir, oh! je ne dis pas que vous ne parvinssiez au but *cahin-caha*; mais il faut pouvoir transposer *aussi vite* qu'on lit; et c'est là que gît la difficulté, difficulté insurmontable pour les trois quarts de ceux qui, aujourd'hui, s'occupent de plain-chant et d'accompagnement; le prêtre a tant d'autres études sérieuses qui passent avant celle de l'accompagnement!!! Celle-ci est plutôt un délassement; voilà pourquoi il faut la lui rendre aussi simple que possible... (2).

Ai-je réussi dans ce désir? Je ne sais... On peut en faire l'expérience en demandant le *Plain-Chant* conditionnellement.

(Voir la couverture, 4me page.)

---

(1) M. l'abbé Clergeau, inventeur du Clavier Transpositeur, est parvenu à établir pour le prix de 160 fr. un petit orgue portatif qu'il appelle *Régulateur du Chant*, et qui peut parfaitement suffire pour s'exercer à l'accompagnement; si l'on ne réussit pas (ce qui est fort rare même avec une intelligence ordinaire), on n'a pas à déplorer une grande perte d'argent; et si l'on réussit, on peut alors se procurer la satisfaction d'avoir un autre instrument plus considérable; je crois même que, dans ce cas, l'abbé Clergeau reprend les régulateurs. Du reste, on peut s'adresser à lui directement, rue des Tournelles, 28, à Paris.

(2) Si cet ouvrage était accueilli favorablement, j'en publierais un autre aussi élémentaire sur la MÉLODIE afin d'enseigner à MM. les Ecclésiastiques l'art de composer eux-mêmes, ou au moins d'arranger des airs de cantiques.

AVIS RELATIF AUX PLANCHES.

Les planches dont la feuille est à la fin du volume doivent être classées en deux catégories :

1° Celles qui auraient pu être intercalées dans le texte, si je n'avais pas dû y renoncer par suite d'une impossibilité matérielle dans cette ville ;

2° Celles qu'on doit avoir devant les yeux en travaillant.

Celles-ci doivent être collées sur une feuille de carton et placées tout près de l'instrument sur lequel on étudie, de manière à ce qu'on puisse les consulter de l'œil sans ôter les mains de dessus le clavier. Quant aux premières, il est bon de remarquer qu'on a laissé un blanc sur lequel on peut les faire coller proprement sans dégrader l'ouvrage. La planche, ainsi rapprochée du texte explicatif, rendra celui-ci plus clair et plus intelligible.

DIVISION GÉNÉRALE DE L'OUVRAGE

Section Première.
ÉLÉMENTS DE L'HARMONIE.

Section Seconde.
THÉORIE DES ACCORDS ET LEUR NOMBRE.

Section Troisième.
SUCCESSION DES HARMONIES.

Section Quatrième.
PRATIQUE DE L'ACCOMPAGNEMENT.

Section cinquième.
APPLICATION DES FORMULES.

O MARIE CONÇUE SANS PÉCHÉ

PRIEZ POUR NOUS QUI AVONS RECOURS A VOUS!

8 décembre 1855.

Bénissez mon travail au commencement, comme je vous prierai de le bénir à la fin, si Dieu permet que je l'achève!!!

LE PLAIN-CHANT

ACCOMPAGNÉ AU MOYEN DES NOTIONS LES PLUS SIMPLES

RÉDUITES A CINQ FORMULES HARMONIQUES

SECTION PREMIÈRE

—

ÉLÉMENTS DE L'HARMONIE

1.

Qu'est-ce que accompagner un chant ?

C'est faire entendre avec les sons qui forment ce chant d'autres sons qui le rendent plus agréable ; et ceci explique l'effet *matériel ;* mais, en entrant dans des considérations d'un ordre plus élevé, on peut dire :

L'accompagnement consiste à faire entendre sous un chant, et au moyen d'un instrument, d'autres sons (1) qui le relèvent sans l'étouffer ni le dénaturer ; et ces procédés étant appliqués au chant liturgique ont pour but de rendre plus attrayante pour les fidèles l'assistance aux offices de l'Eglise.

---

(1) Ou d'autres chants, car on peut encore accompagner un chant par d'autres chants, comme dans les faux-bourdons.

2.

Comment appelle-t-on la science qui enseigne à trouver ces sons ?

On l'appelle harmonie, si toutefois l'harmonie est une science. Je l'appellerais plutôt un recueil de procédés tirés de la pratique des grands maîtres, lesquels procédés n'ont pas encore reçu leur formule dans une loi générale, de sorte que si l'harmonie est réellement une science, elle attend encore son Newton.

Les éléments seuls présentent une série de faits sur lesquels tous les théoriciens sont à peu près d'accord.

3.

Quels sont les éléments de l'harmonie ?

Les sons considérés dans leur succession et dans leur simultanéité.

4.

Y a-t-il un ordre de succession dans les sons ?

Oui, on part d'un degré sur lequel l'oreille sent un repos, et l'on appelle ce degré *tonique* ou note du *ton*. Supposons que cette note est *ut* ; les autres lui succéderont de la manière suivante :

La 2me, *ré*,	s'appellera	*seconde.*
La 3me, *mi*,	—	*tierce.*
La 4me, *fa*,	—	*quarte.*
La 5me, *sol*,	—	*quinte.*
La 6me, *la*,	—	*sixte.*
La 7me, *si*,	—	*septième.*
La 8me, *ut*,	—	*octave.*

Cette dernière complète la gamme formée par la réunion successive des notes dans l'ordre ci-dessus ; elle pourrait, à son tour, devenir la tonique d'une seconde gamme ; mais toute pièce de plain-chant étant renfermée, au moins en principe, dans l'étendue d'une octave, nous n'avons pas à nous préoccuper d'une distance plus grande.

A une certaine époque, les noms des notes étaient figurés par les sept premières lettres de l'alphabet, dans l'ordre suivant :

A	pour	*la.*
B	—	*si.*
C	—	*ut.*
D	—	*ré.*
E	—	*mi.*
F	—	*fa.*
G	—	*sol.*

Le G, appelé *gamma* chez les Grecs, était la dernière lettre de cette succession ; lorsqu'on y était arrivé, on disait *gamma* ; telle est l'étymologie du mot gamme appliqué à la nomination successive de toutes les notes.

Ces lettres sont encore employées aujourd'hui dans l'intérieur des pianos pour désigner les cordes ; dans les orgues, pour désigner les tuyaux ; sur les parties d'instruments à tons mobiles ou à diapasons différents, clarinette en B, cor en E ; enfin, après les chiffres des tons du plain-chant pour désigner les notes finales.

1er Ton en D, parce qu'il termine par un *ré.*

8me Ton en G, etc., — *sol.*

5.

Qu'avez-vous à dire de la simultanéité des sons ?

Deux sons simultanés supposent entre eux une distance ; cette distance appelée intervalle s'apprécie de bas en haut, c'est-à-dire en nommant la note la plus basse avant l'autre.

6.

Mesure-t-on toujours les intervalles à partir de la *tonique* ?

Non ; on peut prendre deux notes quelconques, et chercher quelle espèce d'intervalle il y a entre elles.

7.

Il y a donc plusieurs espèces d'intervalle ?

Oui ; l'intervalle peut être considéré :

1° Relativement aux deux notes qui en forment les deux extrémités ; et alors on dit un intervalle

De *seconde* pour celui que font les deux notes *ut-ré*.
De *tierce*   —   *ut-mi*.
De *quarte*   —   *ut-fa*.
De *quinte*   —   *ut-sol*.
De *sixte*   —   *ut-la*.
De *septième*   —   *ut-si*.
D'*octave*   —   *ut-ut*.

2° Relativement à l'effet que produisent pour l'oreille les deux
sons de l'intervalle entendus ensemble ; alors l'intervalle s'appelle
aussi accord ; et il peut être consonnant ou dissonnant.

8.

Quels sont les intervalles consonnants ?

Ceux qui sont les plus doux à entendre :

Comme la *tonique*   avec la   *tierce,*
        la *tonique*   —   *quarte,*
        la *tonique*   —   *quinte,*
        la *tonique*   —   *sixte,*
        la *tonique*   —   *l'octave.*

9.

Quels sont les intervalles dissonnants ?

Ceux qui sont moins doux à l'oreille :

Comme la *tonique*   avec la   *seconde,*
        la *tonique*   —   *septième.*

A raison de cette dissonnance, on ne les emploie pas sans les
combiner avec d'autres intervalles consonnants (23).

10.

Toutes les fois que l'on parcourt un intervalle de *tierce*, de *quarte*, etc., la distance est-elle absolument semblable ?

Non ; car la succession des notes indiquée au N° 4 ne se fait pas au moyen de distances identiques.

Ce qui fait que :

Les *secondes*	
Les *tierces*	sont majeures ou mineures.
Les *sixtes*	
Les *septièmes*	

Les *quartes* sont parfaites ou augmentées.

Les *quintes* sont parfaites ou diminuées (1).

11.

Comment explique-t-on ces différences ?

On les explique par celle qui existe naturellement entre chaque intervalle immédiat ; ainsi :

De *mi* à *fa* et de *si* à *ut* il y a un petit intervalle qu'on appelle demi-ton ; les 5 autres sont des intervalles d'un ton.

12.

Qu'appelez-vous demi-ton ?

C'est la distance représentée sur un clavier par l'intervalle qu'il y a entre une touche quelconque et sa voisine immédiate, soit supérieure, soit inférieure.

Mais, à première vue, et dans la succession des notes comme elle est indiquée au N° 4, c'est l'intervalle représenté par les deux touches blanches *mi-fa* et *si-ut*.

---

(1) Quelques-uns disent *justes* par opposition à la quinte diminuée qu'ils appellent *fausse quinte*, ce sont ces appellations qui me paraissaient *fausses*; ce qui est *faux* ne peut être du ressort de l'harmonie.

Or, vérifiez sur un clavier et remarquez ceci :

Les deux touches blanches *mi-fa* qui représentent la *tierce* et la *quarte*, et les deux autres touches blanches *si-ut* qui représentent la *septième* et l'*octave* sont tellement rapprochées, qu'il n'y a pas d'autre touche entre elles, tandis qu'entre *toutes les autres* touches blanches, il y a une touche noire. Eh bien ! si vous vouliez faire le *mi* plus haut, vous ne le pourriez qu'à la condition de frapper une touche qui ne serait plus *mi*, mais *fa, et vice versâ.*

13.

Qu'appelez-vous ton ?

C'est un intervalle tel que chacun des deux sons peut se rapprocher d'un 3me qui est entre eux à une distance *à peu près* égale, et qui est égale en effet dans les instruments à clavier (vérifiez encore ceci sur le clavier).

14.

Que signifie votre *à peu près* ?

Le ton se divisant en 9 commas, et le comma étant indivisible (en acoustique), le milieu du ton en montant se trouve au-dessus du 5me comma ; en descendant, il est au-dessous ; de sorte que l'*ut* ascendant est plus haut d'un comma que le *ré* descendant. Ce phénomène s'explique très-bien en musique par la tendance du dièze à *monter encore* pour se *résoudre*, et par la tendance contraire du *bémol*.

DIVISION DU TON EN 9 COMMAS.

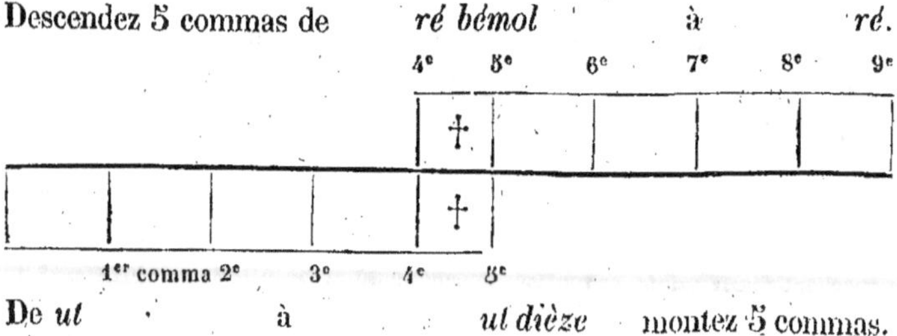

Cette différence, facile pour les voix et les instruments à cordes ou à vent, est impraticable sur un clavier à touches fixes, attendu que, sur un clavier, le point de jonction se trouve au milieu *exact*, là où sont les deux †. On remédie à cet inconvénient, car c'en est un, par ce que les accordeurs appellent *tempérament*... Mais on ne saurait présenter ici de plus amples explications, sans entrer dans le domaine de l'acoustique, ce qui est peu nécessaire pour le sujet qui nous occupe.

15.

Expliquez maintenant la différence entre les intervalles *majeurs* et les *mineurs* ? (Se rappeler la réponse à la question 10.)

A

De *ut* à *ré* il y a un ton qui indique
    Une *seconde majeure* ou plus grande,
Tandis que de *si* à *ut* il n'y a qu'un demi-ton, ce qui fait
    Une *seconde mineure* ou plus petite.

B

De *ut* à *mi* il y a 2 tons qui font
    Une *tierce majeure*,
Tandis que de *ré* à *fa* il n'y a qu'un ton et demi, ce qui fait
    Une *tierce mineure*.

C

De *ut* à *la* il y a 4 tons et demi qui font
    Une *sixte majeure*,
Tandis que de *mi* à *ut* il n'y a que trois tons et deux demi-tons qui font
    Une *sixte mineure*.

De *ut* à *si* il y a 5 tons et demi qui font

Une *septième majeure*,

Tandis que de *ré* à *ut* il n'y a que quatre tons et deux demi-tons qui font

Une *septième mineure*.

En général, les intervalles *mineurs* sont ceux qui renferment plus de demi-tons que les majeurs.

16.

Expliquez la différence entre les intervalles *parfaits* et les *augmentés*? (10.)

De *ut* à *fa* il y a deux tons et demi qui font

Une *quarte parfaite*,

Tandis que de *fa* à *si*, l'absence de tout demi-ton produit

Une *quarte augmentée*,

17.

Expliquez la différence entre les intervalles *parfaits* et les *diminués*? (10.)

De *ut* à *sol* il y a 3 tons et demi qui font

Une *quinte parfaite*,

Tandis que de *si* à *fa* la présence des deux demi-tons indique

Une *quinte diminuée*.

Les *quartes* et les *quintes parfaites* ont toutes un demi-ton.

La *quarte augmentée* n'en a point, on l'appelle aussi *triton*.

La *quinte diminuée* les a tous les deux.

18.

Est-il bien facile d'apprécier tout de suite un intervalle ?

Jusqu'à la *quinte* on peut apprécier assez rapidement ; quant à la *sixte* et à la *septième*, on a la ressource de les renverser pour les distinguer plus vite.

19.

Qu'appelez-vous renverser ?

Renverser un intervalle c'est mettre en haut ce qui était en bas, et *vice versâ*. Par cette opération,

Les intervalles majeurs deviennent mineurs ;

Les intervalles augmentés deviennent diminués ;

Les intervalles parfaits restent parfaits.

20.

Comment l'intervalle renversé est-il plus facile à trouver ?

Par un procédé arithmétique qui consiste à voir la différence qu'il y a entre le chiffre de l'intervalle et le chiffre 9,

Par exemple.

21.

Que devient une *sixte* renversée ?

Je prends le chiffre de l'intervalle qui est 6 (une *sixte*), et je dis : « De 6 aller à 9, reste 3. Donc le renversement de la *sixte* est une *tierce* ; et la *tierce* étant très-facile à distinguer, me donne tout de suite la nature de la *sixte* qui l'a produite.

22.

Rendez cela plus clair en renversant tous les intervalles.

A

UT RÉ étant une *seconde* (2) *majeure*   } 2
Le renversement RÉ UT deviendra *septième* (7) *mineure* } 7

TOTAL. 9

B

UT MI étant une *tierce* (3) *majeure* } 3
Le renversement MI, UT deviendra *sixte* (6) *mineure* } 6

TOTAL. 9

C

UT FA étant une *quarte* (4) *parfaite* } 4
Le renversement FA UT deviendra *quinte* (5) *parfaite* } 5

TOTAL. 9

D

UT SOL étant une *quinte* (5) *parfaite* } 5
Le renversement SOL UT deviendra *quarte* (4) *parfaite* } 4

TOTAL. 9

E

UT LA étant une *sixte* (6) *majeure* } 6
Le renversement LA UT deviendra *tierce* (3) *mineure* } 3

TOTAL. 9

F

UT SI étant une *septième* (7) *majeure* } 7
Le renversement SI UT deviendra *seconde* (2) *mineure* } 2

TOTAL. 9

23.

Le renversement fait-il quelque changement quant à la consonnance ou à la dissonnance des intervalles ?

Non; mais il est à remarquer que la *seconde* (1), qui est un intervalle dissonnant très-dur, devient plus doux quand il est renversé en 7mo; cela provient de l'écartement; ainsi, plus les intervalles dissonnants présentent d'écartement, plus ils sont supportables, surtout s'ils sont mélangés avec des intervalles consonnants; alors même, ils peuvent, par leur opposition, faire mieux apprécier les intervalles consonnants; à peu près comme les ombres d'un tableau font mieux ressortir les couleurs et la perspective.

---

(1) Je dis la seconde *majeure*, car la seconde mineure, toute seule, est plus que dissonnante; elle est insupportable.

THÉORIE DES ACCORDS ET LEUR NOMBRE

24.

Comment divise-t-on les accords ?

En fondamentaux et en dérivés.

25.

Qu'est ce qu'un accord fondamental ?

C'est celui dans lequel les intervalles sont échelonnés par tierces. Nous avons vu (7) qu'un intervalle suffit pour faire un accord ; mais un accord peut se composer aussi de la réunion de plusieurs intervalles ; seulement de tous les consonnants, les seuls qui puissent rester consonnants, en se superposant, sont la *tierce* et la *sixte*.

Par exemple, à une première *tierce* formée par *ut* et *mi* ajoutez encore une *tierce*, en faisant entendre le *sol* ; non-seulement votre accord reste consonnant, mais de plus il devient parfait.

A une première *sixte* formée par *ut* et *la*, ajoutez encore une *sixte* en faisant entendre le *fa* supérieur, votre accord devient encore parfait (c'est le second renversement de l'harmonie de *fa* majeur). (Voir ci-après le n° 56.)

Ainsi, deux *tierces* superposées donnent pour extrémités deux notes qui font un intervalle consonnant, c'est-à-dire la *quinte ut-sol* ; et deux *sixtes* superposées donnent pareillement pour extrémités deux notes qui, rapprochées autant que possible, font un intervalle consonnant, c'est-à-dire la *quarte ut-fa*.

Tandis que

Deux *secondes* superposées		*ut ré mi*
Deux *quartes*	—	*ut fa si*
Deux *quintes*	—	*ut sol ré*
Et deux *septièmes*	—	*ut si la*

engendrent toujours une dissonnance.

26.

N'y a-t-il de fondamental que les accords parfaits consonnants ?

Ajoutez une troisième tierce à un accord parfait majeur basé sur la quinte *sol*, et vous obtiendrez l'accord fondamental dissonnant.

En d'autres termes, l'accord fondamental se divise en :

Accord de trois notes, consonnant : *ut, mi, sol.*

Accord de quatre notes, dissonnant : *sol, si, ré, fa.*

27.

Pourquoi appelez-vous accords parfaits le résultat de deux *tierces* ou de deux *sixtes* superposées (1) ?

Parce que les 3 sons qui les forment sont une *perfection relative;*

---

(1) Pour confirmer la qualité *éminemment* consonnante de ces deux intervalles, il n'est pas hors de propos de remarquer que ce sont précisément les deux seuls qui puissent faire des successions immédiates, suites de *tierces*, suites de *sixtes*.

si bien que, en ajoutant aux trois notes *ut, mi, sol*, une quatrième note quelconque, cette perfection est altérée, et devient aussitôt une dissonnance. La répétition de *ut* à l'octave *compléterait* l'accord; mais elle n'y ajouterait rien de nouveau, pas plus que si l'on redoublait encore la tierce ou la quinte.

28.

Les accords parfaits sont-ils tous de la même nature ?

Non; on les appelle *majeurs* ou *mineurs*, suivant que leur première *tierce* est majeure ou mineure.

29.

Elles ne pourraient donc pas être toutes les deux *majeures* ou *mineures ?*

Non; car 2 *tierces* majeures de suite feraient une *quinte*, qui ne serait plus une consonnance, ce serait une *quinte augmentée*; et 2 *tierces* mineures de suite feraient une *quinte diminuée* qui n'est pas non plus une consonnance.

30.

Comment appelle-t-on encore les accords dissonnants ?

On les appelle accords de *septièmes*; en musique on en compte plusieurs espèces; mais le plain-chant ne tolère que l'accord de septième sur la dominante (25).

On l'échelonne sur la *quinte* de la *tonique*, ce qui produit une 7me sur la dominante.

31.

Qu'est-ce qu'un accord dérivé ?

C'est celui dans lequel les intervalles sont échelonnés autrement que par *tierces*.

32.

Comment obtient-on ces accords dérivés ?

Par le renversement, comme dans les intervalles, en mettant en haut ce qui était en bas.

33.

Y a-t-il plusieurs manières de renverser un accord?

Dans un accord, le nombre des renversements est égal à celui des intervalles qui le produisent; ainsi l'accord *parfait, majeur* ou *mineur*, se composant de *deux* tierces, peut avoir *deux* renversements; l'accord de *septième*, se composant de *trois* tierces, peut en avoir *trois*.

34.

Comment appelle-t-on l'accord qui n'est pas renversé?

On dit qu'il est à l'état direct, c'est-à-dire que :

La *tonique est en bas.*

35.

Qu'arrive-t-il la première fois qu'on renverse les notes d'un accord? (Consonnant?... Nous parlerons plus tard des dissonnants).

Il arrive que la *tonique* est transportée de la base au sommet. Cette nouvelle position respective des trois notes de l'accord s'appelle premier renversement ou accord de *sixte*, parce que les deux notes extrêmes font un intervalle de *sixte*.

36.

En quoi consiste le 2me renversement et comment s'appelle-t-il?

Le 2me renversement prend la *tierce* qui faisait la base du 1er, et la transporte au sommet, de manière à ce que la *tonique* se trouve au milieu. Ce 2me renversement s'appelle accord de *quarte et sixte*, parce que la note grave (1) fait une *quarte* avec celle qui lui est immédiatement superposée, et une *sixte* avec la note la plus aiguë.

---

(1) A propos de sons musicaux, *grave* est synonyme de bas, et *aigu* synonyme de haut.

37.

Comment représente-t-on ces différentes positions d'un accord?

Afin de moins fatiguer les yeux et l'attention, on a imaginé de n'écrire pour la main gauche que la note la plus grave des 3 ou 4 qui forment l'accord ; mais on surmonte cette note d'un chiffre qui indique sa composition , excepté dans l'état direct.

38.

Pourquoi cette exception ?

Parce que cet état est mieux distingué précisément par cette absence de tout chiffre, à moins toutefois que de *majeur* qu'il est on ne veuille le rendre *mineur* et *vice versâ*.

39.

Et, dans ce cas, quels signes emploie-t-on?

On surmonte la *tonique* du chiffre 3 représentant la *tierce altérée*, et ce chiffre est suivi du signe qui produit l'altération.

Ces signes sont :

Le *dièze* qui hausse d'un demi-ton ;

Le *bémol* (1) qui baisse d'un demi-ton ;

Le *bécarre* qui annule l'effet des deux premiers.

40.

Comment chiffre-t-on les renversements.

Le 1er renversement est chiffré 6, et la *tierce* est toujours sous-entendue.

Le 2me renversement est chiffré $\frac{6}{4}$

---

(1) Le B signifiant *si*, lorsque ce *si* devait être abaissé, on le faisait plus mollement, de là est venue l'appellation *B mollis*, dont nous avons fait *bémol*.

REMARQUE.

Pour ajouter à la clarté de ces indications, je représenterai dans mes exemples :

L'état direct par une   *ronde.*
Le 1er renversement par une   *blanche.*
Le 2me renversement par une   *noire.*

PLANCHE A (1).

ACCORD DE TONIQUE	DE SIXTE	DE QUARTE ET SIXTE
Ut	*Mi*	*Sol*
Etat direct.	**1er renversement.**	**2me renversement**
TONIQUE A LA *Base.*	TONIQUE AU *Sommet.*	TONIQUE AU *Milieu.*

41.

Le nombre des accords est-il limité aux trois précédents ?

Non sans doute, car ces trois accords ne sont que les 3 positions d'une même harmonie, et leur répétition produirait bientôt sur l'oreille l'effet ennuyeux que l'on appelle monotonie et dont le nom vient précisément s'appliquer ici comme à sa racine.

42.

Combien donc comptez-vous d'accords possibles ?

Sans sortir de la gamme d'*ut,* on peut faire sur les 6 premières notes de cette gamme 6 harmonies, dont 3 majeures et 3

---

(1) Appliquez ici l'avis relatif aux planches, qui est à la page 8.

mineures , parce que sur chacune de ces notes on peut échelonner **2** *tierces* inégales qui produisent (26 et 27) une *quinte* parfaite ou accord parfait.

PLANCHE B.

TONIQUE, SECONDE, TIERCE, QUARTE, QUINTE, SIXTE, SEPTIÈME.

| 1 | 2 | 3 | 4 | 5 | 6 | 7 |

Ut			*Fa*	*Sol*		majeurs.
1			4	5		
	Ré	*Mi*			*La*	mineurs.
	2	3			6	

43.

Pourquoi ne comptez-vous pas dans cette nomenclature la note *si* ?

Parce que, en échelonnant deux *tierces* sur cette note, on trouve que ces deux *tierces* sont mineures, et par conséquent leurs extrémités ne font qu'une *quinte* diminuée.

44.

On ne peut donc pas se servir de l'accord de *quinte* diminuée dans l'accompagnement du plain-chant ?

Cet accord peut être employé comme dissonnance; mais alors il exclut toute idée de repos et réclame impérieusement une résolution sur la consonnance de *ut* majeur ou de *la* mineur (61); ou bien encore on peut le considérer comme un fragment de l'accord de 7ᵐᵉ de dominante privé de sa base *sol*, accord dont il sera parlé plus tard (67).

45.

Les trois accords parfaits majeurs *ut*, *fa*, *sol*, et les 3 parfaits mineurs *ré*, *mi*, *la*, ne produisent-ils pas d'autres accords au moyen du renversement?

Chacun de ces accords pouvant être placé à l'état direct, et à deux renversements (34, 35, 36), il en résulte 3 accords pour chaque harmonie, soit 18 accords pour les 6 harmonies.

Planche C.

46.

Ne pourrait-on pas trouver d'autres harmonies pour accompagner les notes de la mélodie, et le *si* en particulier ne peut-il pas recevoir une harmonie consonnante?

Toute note de plain-chant qui fait finale doit être toujours considérée comme *tonique*, et ne peut s'accompagner que par l'harmonie majeure ou mineure qui s'échelonne sur elle par *tierces* ; mais en dehors des finales, chaque note peut être prise ou comme *tonique* ou comme *tierce* ou comme *quinte* d'une harmonie majeure ou mineure consonnante ; autrement dit, chaque note peut recevoir *théoriquement* (1) *parlant* 6 harmonies différentes, lesquelles multipliées par les 3 positions de chaque harmonie, fournissent un produit de 18 accords pour chaque note ;

---

(1) Dans la pratique, ce qui précède une note et ce qui la suit peut s'opposer à la rencontre de telle ou telle harmonie, faute d'un enchaînement régulier de successions; aussi je dis *théoriquement parlant*.

or les notes qu'on peut rencontrer dans les mélodies du plain-chant sont au nombre de 8, *ut, ré, mi, fa, sol, la, si, sib* ; c'est donc 8 fois 18 accords possibles, soit 144 accords différents (1). Mais je m'arrête là ; le présent opuscule a pour but de démontrer qu'il est *facile* d'accompaguer le plain-chant *correctement*, et il en offre les moyens par des notions simples.

Toutefois, je viens de faire entrevoir que par une pratique assidue et par des études ultérieures on peut arriver à plus de variété et à plus de richesse dans son accompagnement.

Voici un tableau dans lequel chacune des 8 notes mélodiques du plain-chant, *ut, ré, mi, fa, sol, la, si, sib* est accompagnée de ses 6 harmonies possibles.

On peut fixer un doigt ou un plomb sur cette note pour en rendre le son continu et repasser avec la main gauche les 5 positions de chacune des 6 harmonies.

Planche D.

(L'une de celles qu'il faut avoir à sa portée en travaillant.)

47.

Vous avez dit (44) que l'accord dissonnant *si, ré, fa,* peut s'employer comme dissonnance ; je croyais que les dissonnances étaient proscrites de l'accompagnement du plain-chant (2).

Sans entrer dans aucune discussion avec ceux qui proscrivent

---

(1) Bien que j'admette la nécessité de faire en certaines circonstances le demi-ton haussant, qui peut être, suivant l'occurrence, *ut* ou *fa*, ou *sol* (toujours ces *trois* notes mystérieuses *ut, fa, sol,* tonique, quarte, quinte!) je ne les compte pas ici, parce que jamais on n'y fait une cadence ; ce sont des notes essentiellement transitoires et résolutives. Ainsi, quand on trouve *ré-ut ré,* ou *sol-fa-sol,* ou *la-sol-la* faisant *cadence,* évidemment on fera dièze l'*ut,* le *fa,* le *sol* ; ou bien l'on détruit complétement le sens harmonique du mot *cadence.*

(2) Si quelqu'un s'étonnait de la forme dialoguée, je répondrais qu'elle m'a paru très-favorable à la clarté dans un livre élémentaire ; et de plus c'est la forme adoptée par nos maîtres Saint Oddon de Cluny et Guy d'Arezzo.

les dissonnances, je puis rappeler ici que d'autres les admettent (1) et je les admets avec eux dans de certaines limites qui seront expliquées ci-après.

48.

Les différentes harmonies qu'on peut faire sur une note sont-elles laissées au bon plaisir, et n'y a-t-il pas entre elles quelque rapport, quelque affinité naturelle ?

Oui ; il y a un rapport tel, que, si vous voulez passer d'une première à une autre, cette autre n'est pas indifférente ; je signalerai tout d'abord une affinité entre un ton et sa *quarte* et sa *quinte*. Ce 1er rapport de 3 harmonies entr'elles est précisément ce que je traduis en *formule harmonique*, car ces 3 harmonies peuvent suffire pour accompagner *correctement* un très-grand nombre de pièces de plain-chant.

Tout ceci sera développé plus loin au chapitre des formules. (Voir en attendant la PLANCHE E, l'une de celles qu'il faut avoir à sa portée en travaillant.)

49.

Quelle remarque faites-vous tout d'abord sur ces trois harmonies d'une formule, afin de les mieux retenir ?

Je vois que ces trois notes, prises dans la gamme d'*ut*, sont :

La tonique *ut*,   la quarte *fa*,   la quinte *sol*,

c'est-à-dire celles qui donnent leurs noms aux trois clefs usitées dans la musique comme dans le plain-chant.

Clef   d'*ut*,   Clef de *fa*,   Clef de   *sol*.

---

(1) Toute discussion me paraît oiseuse dans un ouvrage pratique comme celui-ci. Voyez l'avis du commencement.

—

SUCCESSION DES HARMONIES

50.

Comment passez-vous d'un accord à un autre ?

Un premier accord quelconque étant frappé, les notes de l'accord suivant peuvent lui succéder de 3 manières.

A

Par un *mouvement semblable*, si les notes montent ou descendent en même temps.

B

Par un *mouvement oblique*, si une partie reste fixe, pendant que les autres montent ou descendent.

C

Par un *mouvement contraire*, si les unes montent pendant que les autres descendent.

PLANCHE F.

Avec les deux derniers mouvements, qui sont, du reste, les plus beaux, surtout quand on les combine, comme à la planche R; on évite bien plus facilement les fautes qu'avec le premier.

51.

N'y a-t-il pas un moyen de les éviter tout-à-fait ?

On évite toute espèce de fautes, en observant les règles que nous allons exposer :

1° Une harmonie pour chaque note ;
2° L'état direct sur les finales ;
3° Liaison des accords par une note commune ;
4° Jamais **2** *quintes*, ni **2** *octaves* consécutives ;
5° Pas de *quarte* sans préparation.

52.

Pouvez-vous expliquer chacune de ces règles en particulier ?

Oui, sans doute, car l'énonciation ci-dessus les présente d'une manière assez brève pour qu'on puisse les retenir aisément, mais trop brève pour qu'elles soient comprises tout d'abord.

53.

Comment entendez-vous la

1re RÈGLE ?

UNE HARMONIE POUR CHAQUE NOTE.

J'entends que :

Le plain-chant s'accompagne par un accord sous chaque note de la mélodie, attendu qu'il n'admet pas ce qu'on appelle en musique les notes de passage (·).

---

(1) La note *de passage* est ainsi appelée, parce qu'elle est étrangère à l'harmonie sous laquelle on l'entend, et où elle ne fait que *passer*.

Si la mélodie répète plusieurs fois de suite la même note, l'harmonie peut varier (et c'est plus beau), mais elle n'y est pas obligée.

PLANCHE G.

On pourrait supprimer les harmonies des chiffres 4, 5, 6, 7, et prolonger celle du chiffre 3 jusqu'au chiffre 8. Cependant on doit voir que cette variété est un charme de plus dans l'accompagnement, et qu'elle deviendrait en quelque sorte nécessaire, si la tenue des *la* se prolongeait beaucoup dans la mélodie, comme, par exemple, dans les lamentations de l'office des ténèbres.

NOTA. Les harmonies des chiffres 15, 16, 17, 18, présentent une variante des chiffres 11, 12, 13, 14.

54.

Cette règle est-elle absolue ?

Il arrive parfois qu'une note brève rend l'observation de cette 1re règle un peu difficile. Dans ce cas, et sur une *brève seulement,* on peut ne pas faire d'harmonie particulière. Ceci a lieu de préférence dans les proses et dans les hymnes.

L'oreille et le goût sont juges de la circonstance.

55.

Comment entendez-vous la

2me RÈGLE ?

L'ÉTAT DIRECT SUR LES FINALES.

J'entends que :

La note finale doit être toujours reproduite dans l'accompagnement comme base d'un accord parfait à l'état direct ; celui-ci étant précédé lui-même de l'harmonie majeure sur sa quinte (70) pareillement à l'état direct. (Voyez au n° 26 ce que cet accord peut devenir.)

56.

Cette règle ne souffre-t-elle aucune exception ?

Il y en a une pour la finale du 3me ton et de son plagal ; elle sera expliquée en son lieu.

57.

Comment entendez-vous la

3me RÈGLE ?

LIAISON DES ACCORDS PAR UNE NOTE COMMUNE.

J'entends que :

Le second accord doit renfermer au moins une des notes de l'accord qui précède, afin d'obtenir le genre lié qui convient si bien au plain-chant.

58.

Cette règle est-elle absolue ?

Non ; on peut passer, sans note commune, d'une harmonie

principale (1) à une harmonie basée sur le second degré de la gamme de cette harmonie (appendice page 44, C), comme :

De *ut* majeur à *ré* mineur,

De *fa* majeur à *sol* mineur ;

mais, dans ce cas, la seconde harmonie doit être employée à son premier renversement.

PLANCHE H.

Entre *ut* majeur et *ré* mineur, il n'y a pas de note commune.

Entre *la* mineur et la quinte diminuée *si*, *ré*, *fa*, non plus.

Mais la seconde harmonie est au premier renversement,

Attendu que :

1° L'état direct présenterait une suite de quintes avec l'harmonie principale, à moins que celle-ci ne fût pas elle-même à cet état. (Voir le n° 60.)

2° Le second renversement, une quarte sans préparation. (Voir le n° 62.)

Quand l'harmonie principale est majeure, celle du second degré est mineure.

Quand l'harmonie principale est mineure, celle du second degré est une quinte diminuée.

Dans les deux cas, cette harmonie du second degré est ordinairement suivie d'un second retour à l'harmonie principale, deuxième renversement, et la succession se fait une fois de plus sans note commune (2).

---

(1) On appelle harmonie principale celle du ton où l'on est, ou celle de la cadence vers laquelle on s'achemine, et en vue de laquelle se font les harmonies du *groupe mélodique* actuel (79).

(2) On peut voir au n° 88 et aux planches qui l'accompagnent une explicati d cette marche dans les harmonies, par la marche de la mélodie elle-même.

PLANCHE I.

Après avoir exécuté sur le clavier ces deux successions d'harmonies en *ut* majeur et en *la* mineur, on doit voir que la raison de l'exception qui nous occupe est toute dans la nature; car ici, même sans note commune, l'effet est très-beau; tandis que, partout ailleurs, l'absence d'une note commune fait éprouver à l'oreille une sensation désagréable.

Pareillement, si de l'harmonie principale on voulait aller à sa quinte, qui est la plus naturelle de toutes les affinités ou relations, on ferait l'harmonie du second degré en majeur; car c'est là le procédé au moyen duquel tous les tons s'enchaînent de quinte en quinte par l'introduction d'un dièze de plus à la gamme; ce dièze affecte toujours la quarte (1) du ton où l'on est.

Dans ce cas, comme dans l'autre, l'accord doit être un premier renversement pour les mêmes raisons.

PLANCHE J.

Tous les accords n° 1 sont des harmonies sur la tonique.

Tous les accords n° 2 sont des harmonies sur le second degré de la gamme des accords n° 1, au premier renversement, pour aller sur la quinte de ces mêmes accords.

---

(1) Si l'on était dans un ton avec des bémols, on obtiendrait un résultat identique en retranchant le dernier bémol, ce qui aurait lieu en *haussant* la quarte par *bécarre*, comme on la hausse par dièze dans les tons avec dièzes, ou dans le ton d'*ut* qui n'en a point.

Tous les accords n° 3 sont les quintes des accords n° 1 converties en toniques par la transition des accords n° 2.

Remarquez cependant, selon ce qui est dit au paragraphe 67, que, pour passer de *ut-mi-sol* à *ré-fa*-dièze-*la*, on pourrait, en redoublant l'octave de *ut*, faire succéder à cette position, *ré-fa*-dièze-*la* avec l'*ut* conservé pour note commune au sommet; ce qui ferait du second accord non pas seulement une harmonie de quinte en vue du ton de *sol* majeur, mais un accord de septième sur sa dominante. (Voir la planche T.)

La seconde affinité naturelle (48) étant à la quarte, lorsqu'on eut enchaîner les tons de quarte en quarte, on baisse successivement la septième du ton où l'on est, au moyen du bémol; on transforme ainsi l'accord parfait (pour les tons majeurs) en un accord de septième dont la résolution amène la consonnance sur la quarte (68).

Dans les tons mineurs, on procède différemment : on convertit l'accord parfait mineur en majeur; il devient ainsi l'harmonie de la quinte ou cinquième degré du ton où l'on va. On peut même, en y ajoutant une troisième tierce mineure, en faire un accord de septième (26) allant se résoudre sur une consonnance mineure, qui est précisément le quatrième degré où l'on veut aller, par les mêmes procédés que pour une consonnance majeure (68).

Planche K.

59.

N'y a-t-il pas d'autres exceptions à cette règle ?

On pourrait encore passer d'une harmonie à une autre sans

note commune, si l'on faisait des successions d'accords de sixtes, ou s'il s'agissait d'éviter par ce moyen quelque faute plus grave contre d'autres règles.

Dans les autres successions d'accords, on rencontre tantôt une seule note commune, tantôt deux. Ainsi, en partant de *ut* majeur pour aller

Au 3me degré, *mi* mineur, on a 2 notes communes : *mi* et *sol ;*
Au 4me   —   *fa* majeur,   — 1   —   *ut ;*
Au 5me   —   *sol* majeur,   — 1   —   *sol ;*
Au 6me   —   *la* mineur,   — 2   —   *ut* et *mi*.

PLANCHE L.

2 *notes com.*   1 *note com.*   1 *note com.*   2 *notes com.*

de *ut* majeur   de *ut* majeur   de *ut* majeur   de *ut* majeur
à *mi* mineur.   à *fa* majeur.   à *sol* majeur.   à *la* mineur.

Le rapport avec les mineurs est de *deux* notes communes.
    —   majeurs n'est que *d'une* note commune.

60.

Comment entendez-vous la

4me RÈGLE ?

JAMAIS DEUX QUINTES NI DEUX OCTAVES CONSÉCUTIVES.

J'entends que :

Il ne faut pas frapper entre la basse et une partie supérieure, soit dans le chant, soit dans l'accompagnement, ni deux quintes parfaites de suite par degrés conjoints, ni deux octaves ; ces successions altéreraient la tonalité par manque de transition naturelle et immédiate, car les harmonies à l'état direct ne peuvent se suivre que par sauts de quarte ou de quinte, et non par degrés conjoints, puisque c'est à la quarte et à la quinte qu'on trouve ses affinités naturelles et immédiates. Ainsi, l'accord formé par

Ut-mi-sol

ne peut être suivi de l'accord formé par

Ré-fa-la.

Pour que ces deux harmonies puissent se succéder correctement, il faut supprimer, dans l'une ou dans l'autre, l'une des deux notes qui font la quinte, ou bien renverser la deuxième harmonie (55).

Quant à la suite d'octaves, cela se comprend trop pour avoir besoin de plus d'explication, à moins qu'il ne s'agisse des deux octaves faites simultanément par une main, ou par les deux mains en unisson, ou bien encore des octaves que font tout naturellement des voix d'hommes chantant à l'unisson avec des voix de femmes ou d'enfants.

61.

Cette règle est-elle absolue ?

Non ; il y a une exception pour la quinte diminuée ; ainsi, l'on peut employer, *en descendant, ut, mi, sol,* suivi de *si, ré, fa,* ou *si, ré, fa,* suivi de *la, ut, mi* ; comme aussi toute succession analogue amenée d'une manière transitoire ; mais on ne pourrait pas faire l'opposé *en montant.* Le premier procédé est un peu doux et ne blesse aucune règle de résolution pour les trois notes *ut, mi, sol,* ou *si, ré, fa,* c'est-à-dire que :

Ut peut descendre régulièrement sur *si,* et *si* sur *la,*
Mi   —   —   *ré,* et *ré* sur *ut,*
Sol   —   —   *fa,* et *fa* sur *mi.*

Seulement après cette triple descente, tout n'est pas fini, et le premier résultat obtenu *si, ré, fa* étant une dissonance, il faut aller plus loin pour résoudre. Quant au second résultat, *la-ut-mi,* venant après la quinte diminuée *si-ré-fa,* dont il est la résolution il peut faire un repos ou cadence (79).

Mais le procédé qui remonterait de *si, ré, fa* à *ut, mi, sol*
est rigoureusement et absolument impraticable. En effet, si vous
remontez,

> Vous pouvez arriver à *ut* par le *si,*
> Vous pouvez arriver à *mi* par le *ré* ou par le *fa;*

jusque là, il n'y a rien de contraire à la marche forcée des successions; mais pour arriver au *sol*... il n'y a réellement pas de
chemin par où il puisse se présenter; le *fa* serait ce seul chemin,
et il faut de rigueur qu'il descende sur le *mi* (68 et 69), car ici
le *fa* faisant quinte diminuée avec le *si,* est considéré, pour la
marche à suivre, comme un fragment de l'accord de 7me (44).

62.

Comment entendez-vous la

5me RÈGLE?

PAS DE QUARTE AVEC LA BASSE SANS PRÉPARATION.

J'entends que :

La basse ne peut faire quarte avec une partie supérieure, si cette
quarte n'a pas été préparée. Une quarte est préparée, lorsqu'on
a entendu dans l'accord précédent, et à la même partie, l'une des
deux notes qui font cette quarte.

PLANCHE M.

63.

Y a-t-il quelque exception à cette règle?

Oui; un accord de quarte et sixte (dans lequel la basse est
toujours surmontée de sa quarte) peut être employé sans prépa-

ration, s'il est précédé de l'accord mineur (58) sur le second degré de la gamme; ainsi, *sol-ut mi* (harmonie d'*ut* majeur) peut être employé, si on le fait précéder de l'harmonie de *ré* mineur; mais il faut que celle-ci soit un premier renversement, accord de sixte. (Voir la planche I.)

PLANCHE N.

Cadence en *ut* majeur   Cadence à la quinte.   Retour à la tonique.

APPENDICE A LA SECTION TROISIÈME

Avant d'aller plus loin, pourriez-vous expliquer la différence que présentent les deux mots *accord* et *harmonie ?*

D'abord constatons qu'il y a réellement une différence (41), et qu'il faut bien posséder le sens de ces deux expressions, si l'on ne veut pas se fourvoyer à chaque instant.

Le mot *harmonie* est employé en musique dans quatre ou cinq acceptions différentes; c'est une pauvreté de la langue, et un très-grave inconvénient; mais enfin, cet inconvénient existe; tâchons d'y remédier par une grande clarté d'expression.

A

Quand on dit l'harmonie de *sol*, de *fa*, d'*ut*, on veut désigner le résultat des trois sons *sol, si, ré,*
ou fa, la, ut,
ou ut, mi, sol,
entendus dans quelque position que ce soit, et dans un mode quelconque.

B

Quand on ajoute aux mots : harmonie de *sol*, de *fa*, d'*ut*, la désignation de majeur ou de mineur, on sort du vague quant au mode; mais on n'en sort pas quant à la position des notes.

C

Pour préciser la position respective des notes, il faudrait abandonner l'appellation d'harmonie, et y substituer celle d'accord ([1]).

On doit se rappeler (33, 34, 35, 36) que chaque harmonie a un nombre de positions égal à celui des intervalles qui le produisent, et que chacune de ces positions a un nom caractéristique.

L'état direct s'appelle accord de quinte *sur* ([2]) tonique.

Le 1er renversement s'appelle accord de sixte.

Le 2me renversement s'appelle accord de quarte et sixte.

([1]) Ceci ne s'applique pas aux accords dissonnants; et il n'est pas indifférent de remarquer qu'on n'a pas osé dire *l'harmonie d'une dissonnance* ; on dit l'accord de septième, l'accord de quinte diminuée.

([2]) On écrit ordinairement l'accord *de* quinte *de* tonique ; ce *de* répété deux fois ne me paraît pas caractériser l'accord aussi bien que la manière dont je le désigne.

Quand l'harmonie est précisée et que l'on en parcourt la gamme (4),

La tonique ou 1re note du ton s'appelle aussi 1er degré ;
La seconde s'appelle 2me degré ou sous-médiante ;
La tierce   s'appelle 3me degré ou médiante (1) ;
La quarte   s'appelle 4me degré ou sous dominante ;
La quinte   s'appelle 5me degré ou dominante (2) ;
La sixte   s'appelle 6me degré ou sous-sensible ;
La septième s'appelle 7me degré ou sensible.

EXEMPLE SUR LE TON DE *FA* MAJEUR

LE PLUS FRÉQUENT DE CEUX OU LE PLAIN-CHANT FAIT SES CADENCES.

L'harmonie de *fa* majeur (3),
    ou de la tonique,   } se traduit par
    ou du 1er degré,

L'état direct (4)   *FA-la-ut* = accord de quinte sur tonique.
Le 1er renvers. (5) *la-ut-FA* = accord de sixte.
Le 2me renvers. (6) *ut-FA-la* = accord de quarte et sixte.

L'harmonie de *sol* mineur (7),
    ou de la sous-médiante,   } se traduit par
    ou du 2me degré,

L'état direct   *SOL-sib-ré* = accord de quinte sur tonique
Le 1er renvers.   *sib-ré-SOL* = accord de sixte.
Le 2me renvers.   *ré-SOL-sib* = accord de quarte et sixte.

---

(1) C'est le milieu de l'accord parfait.

(2) Ou note qui domine, au sommet des deux autres, la tonique et la médiante. On apprend dans la *Méthode de Plain-Chant* que la *dominante* d'un *mode* n'est pas toujours comme en musique, la quinte, ou *cinquième* note de la gamme de ce mode.

(3) Voyez au paragraphe 42 quels sont les accords majeurs d'une gamme.

(4) Tonique à la base.   (5) Tonique au sommet.   (6) Tonique au milieu.

(7) Voyez au paragraphe 42 quels sont les accords mineurs d'une gamme.

L'harmonie de *la* mineur,
      ou de la médiante,   se traduit par
      ou du 3me degré,

L'état direct   *LA-ut-mi*   =   accord de quinte sur tonique.
Le 1er renvers.   *ut-mi-LA*   =   accord de sixte.
Le 2me renvers.   *mi-LA-ut*   =   accord de quarte et sixte.

L'harmonie de *sib* majeur,
      ou de la sous-dominante,   se traduit par
      ou du 4me degré,

L'état direct   *SIB-ré-fa*   =   accord de quinte sur tonique.
Le 1er renvers.   *ré-fa-SIB*   =   accord de sixte.
Le 2me renvers.   *fa-SIB-ré*   =   accord de quarte et sixte.

L'harmonie de *ut* majeur,
      ou de la dominante,   se traduit par
      ou du 5me degré,

L'état direct   *UT-mi-sol*   =   accord de quinte sur tonique.
Le 1er renvers.   *mi-sol-UT*   =   accord de sixte.
Le 2me renvers.   *sol-UT-mi*   =   accord de quarte et sixte.

L'harmonie de *ré* mineur,
      ou de la sous-sensible,   se traduit par
      ou du 6me degré,

L'état direct   *RÉ-fa-la*   =   accord de quinte sur tonique.
Le 1er renvers.   *fa-la-RÉ*   =   accord de sixte.
Le 2me renvers.   *la-RÉ-fa*   =   accord de quarte et sixte.

L'harmonie qui serait basée sur la sensible *mi* ne donne pas une harmonie proprement dite, mais une dissonnance (1er renvoi de la page 44). Cette dissonnance, prise isolément, s'appelle

       Accord de quinte diminuée,

et se compose de   *Mi-sol-sib.*

Si on la considère comme fragment de l'accord de septième sur dominante, c'en est le 1er renversement privé de son sommet *ut*, qui est la tonique de cet accord à l'état direct.

On baserait aussi sur la sensible une autre espèce d'accord de septième qui s'appelle

Accord de septième *sur* sensible,
et se compose de   *Mi-sol-sib-ré.*

Je n'oserais pas conseiller dans le plain-chant l'emploi de cet accord, encore moins d'un autre qui est pratiqué en musique et qu'on appelle

Accord de septième *sur* seconde,
et qui se compose de   *Sol-sib-ré-fa.*
On peut... et je dirais même, on doit se contenter d'employer

La quinte diminuée, dans les modes mineurs,

La septième sur dominante, dans les deux modes.

Nota. Exercez-vous à trouver sur d'autres gammes, comme je viens de le faire pour le ton de *fa* majeur, les mêmes harmonies avec leurs trois positions, et écrivez-les pour vous en souvenir : c'est le meilleur moyen de vous les rendre familières.

SECTION QUATRIÈME

—

PRATIQUE DE L'ACCOMPAGNEMENT

Nous avons vu qu'un ton quelconque, majeur ou mineur, a des affinités (48) ou relations naturelles avec sa quarte et sa quinte, et que les trois accords ainsi reliés sont de la même nature. La manière dont on les pose pour opérer des successions harmoniques prend le nom de *formule*. Une formule suffit quelquefois pour accompagner correctement plusieurs pièces de chant en entier; mais si ces pièces étaient un peu longues, la correction d'un accompagnement ainsi restreint pourrait bien ne pas empêcher la monotonie; c'est pourquoi nous avons admis l'accord de septième sur la dominante, cet accord introduisant assez de variété pour que l'accompagnement, sans cesser d'être correct, devienne plus agréable.

4.

De là une subdivision très-naturelle de cette 4me section en deux chapitres :

  L'un pour les Harmonies consonnantes,

  L'autre pour l'Accord de septième.

La formule sert encore à accompagner des groupes (70) de notes, dont la terminaison fait ce qu'on appelle une cadence (79) ou repos analogue à la formule.

CHAPITRE Ier.

FORMULES DES HARMONIES CONSONNANTES

64.

Toutes les formules sont-elles également fréquentes ?

Non ; il y a d'abord :

La formule de   *fa* majeur qui est la plus fréquente ;

Vient ensuite celle de   *ré* mineur ;

Après celle-ci, les deux de *ut* et *sol* majeurs ;

Enfin, celle de   *la* mineur qui est la plus rare.

(Voir le Tableau Planche O.)

(L'une de celles qu'il faut avoir sous les yeux en travaillant.)

Je donne seulement les formules qu'on rencontre dans le chant tel qu'il est *écrit*, et je suppose qu'on a un clavier transpositeur pour remettre dans le diapason des voix ordinaires les 2mes tons quand ils sont trop bas, et les 5mes et les 7mes quand ils sont trop hauts.

Entrer dans le domaine de la transposition, ce serait peut-être sortir de mon titre, car alors il n'est pas *très-simple* de savoir accompagner. (*Voir l'avant-propos.*)

65.

Comment acquiert-on l'usage des formules?

Il faut répéter l'exercice des formules d'après le tableau, en nommant chaque harmonie, suivant sa *position*, jusqu'à ce qu'on soit parvenu à comprendre parfaitement et à exécuter dans le mouvement ordinaire du chant.

Il est à remarquer que chaque formule s'obtient au moyen des *mêmes* doigts posés toujours dans les *mêmes* proportions. Cette identité a pour but de faire acquérir plus facilement le *mécanisme* de la formule; mais il faut aussi que l'*intelligence* suive et s'explique à elle-même tous les phénomènes harmoniques produits par ce mécanisme, sous peine de ne pas savoir en faire l'application.

66.

Pourquoi dans les formules employez-vous toujours quatre doigts pour l'accord de quinte, le seul accord dans lequel vous répétiez la note fondamentale?

Comme le repos ou conclusion de la formule se termine par un accord parfait, état direct, la présence du pouce au sommet de l'accord de quinte a pour but de rendre plus facile un retour à cette harmonie finale.

En général, lorsque vous passerez d'un groupe de notes à un autre qui nécessitera une nouvelle harmonie, ayez soin de redoubler ainsi la basse du nouvel accord de quinte afin d'obtenir l'effet ci-dessus mentionné.

Dans mes exemples, je surmonte la quinte du chiffre **8** indiquant qu'il faut frapper l'octave.

Lorsque cet accord est employé ailleurs que sur la pénultième d'un groupe faisant cadence parfaite (80), on peut, pour plus de variété, indépendamment de ce qui sera dit à l'exercice sur l'accord de septième (75), supprimer le petit doigt sur la basse, et alors les trois autres notes qui restent sont l'accord de sixte (55) de cette même harmonie.

PLANCHE P.

1   2   3   4   5   6   7   8   9   10   11   12

Les accords **1, 2, 3, 4,** représentent une position dans laquelle *ut* est tonique et *sol* quinte; le pouce reste fixé au *sol*.

Dans les accords, **5, 6, 7.** le *sol* devient momentanément tonique à son tour, et appelle une nouvelle quinte qui est *ré ;* le pouce reste par conséquent fixé au *ré*.

Enfin, dans les accords **8, 9, 10, 11,** *sol* redevient quinte, et *ut* tonique, et les doigts reprennent leur première position comme dans les accords **1, 2, 3, 4.**

CHAPITRE II.

DE L'ACCORD DE SEPTIÈME SUR LA DOMINANTE

67.

Quels sont les avantages de l'accord de 7me sur dominante?

L'accord de 7me sur dominante, seule dissonance que tolère le plain-chant (28), amène un peu plus de variété dans l'accompagnement (75 et planche S); il introduit une facilité de plus pour lier les harmonies, en offrant une note commune qui, sans lui, serait dans certains cas, impossible à trouver; et par cela même il peut faire éviter quelques fois des suites de quintes (77 et pl. U).

68.

Cet accord peut-il marquer une terminaison ?

Non ; il n'offre pas à l'oreille un sentiment de repos ; et il a besoin d'être résolu sur une consonnance par une marche que nous allons expliquer [1] :

A

La basse de cet accord doit se résoudre sur la tonique de la consonnance suivante, soit en montant d'une quarte, soit en descendant d'une quinte.

B

La tierce de l'accord monte à la tonique de la consonnance.

C

La quinte monte ou descend à volonté, sur la tierce ou sur la tonique de la consonnance.

D

Enfin, la septième descend toujours sur la tierce de la consonnance [2].

PLANCHE Q.

---

[1] En musique, les septièmes peuvent se résoudre sur d'autres septièmes, et retarder ainsi la *résolution*; mais en définitive il faut *conclure* sur une *consonnance*.

[2] On peut prolonger cet accord pendant plusieurs notes de la mélodie, si ces dernières font elles-mêmes partie de l'accord de septième ; c'est alors une prolongation ; mais quand arrive la résolution, elle doit être conforme à la marche indiquée ici.

En résumé, frappez les quatre notes de cet accord à l'état direct, et en résolvant selon les indications ci-dessus, vous reconnaîtrez que :

La septième   *fa* descend sur *mi*.
La quinte   *ré* monte à *mi* ou descend à *ut, ad libitum*.
La tierce   *si* monte à *ut*.
La tonique   *sol* monte ou descend à *ut*.

69.

D'où vient que, dans l'accord qui sert de résolution, on ne voit que la tonique et la tierce?

C'est que la quinte n'a pas de chemin par où elle puisse arriver; si on la veut dans la consonnance, il faut qu'elle soit entendue, dans la dissonnance, comme redoublement de la basse, ou que l'accord soit renversé.

PLANCHE R.

70.

L'accord de septième a donc aussi des renversements?

Oui; mais il doit être employé à l'état direct lorsqu'il précède l'harmonie finale qui est pareillement à l'état direct (55).

Les renversements se pratiquent pour amener de la variété dans l'harmonie; mais il faut, pour les employer, que la marche de la mélodie soit conforme à la *marche forcée* (68) des notes qui composent l'accord de septième (¹).

71.

Pouvez-vous expliquer cela ?

Si l'accord de septième était, par exemple, *sol, si, ré, fa,* allant se résoudre sur *ut* majeur, il faudrait, pour l'employer, que le *fa,* dans la mélodie, fût suivi de *mi,* que le *ré* fût suivi de *ut* ou de *mi,* que le *si* fût suivi de *ut,* que le *sol* fût suivi de *ut.* Mais si le *fa* de la mélodie montait au *sol,* on ne pourrait pas accompagner ces deux notes par *sol, si, ré, fa,* se résolvant sur *ut, mi, sol,* parce que, dans la résolution forcée de ces notes (68), *fa* ne monte pas à *sol ;* il descend au contraire sur *mi.*

72.

L'accord de septième doit-il se résoudre toujours sur l'harmonie qui est à la quarte de sa base ? Par exemple, *sol, si, ré, fa,* doit-il se résoudre toujours sur *ut, mi* (et *sol* sous-entendu) ?

Non ; il peut se résoudre momentanément sur une cadence (79) *imprévue* et suspendre ainsi la résolution définitive ; mais on est obligé de revenir à celle-ci un peu plus tard.

73.

Qu'appelez-vous cadence *imprévue* (80) ?

Celle qui ne ressort pas ordinairement de l'harmonie précédente ; ainsi, quand l'accord *ut, mi, sol, sib,* qui appelle natu-

---

(1) Il faut de plus considérer, dans cet emploi, l'importance relative des notes qui sont la base de ces renversements : or, cette importance est en raison inverse de leur éloignement de l'état direct ; ainsi :

L'état direct est le meilleur : il a *sol* à la basse ;
Le 1er renversement vient après : il a *si* à la basse ;
Puis le 2me,   il a *ré* à la basse ;
Enfin, le 3me,   il a *fa* à la basse (76).

rellement *fa* majeur, va se résoudre sur *ré* mineur ou sur *ré♭* majeur (bien entendu que la mélodie s'y prête), la cadence en *fa* majeur n'est que retardée; elle doit reparaître un peu plus tard pour *conclure*.

74.

Pourriez-vous rendre cela plus clair par un exemple?

Oui; et je prendrai précisément le ton de *fa* dont parle le n° 73. Si la mélodie fait *mi fa* ou *sol fa*, l'harmonie de *ut, mi, sol, si♭* sur le *mi* peut devenir *ré, fa, la* ou *ré♭, fa, la♭* sur la note suivante, au lieu de se résoudre tout naturellement en *fa* majeur; mais ceci est une des *richesses* dont il est parlé au n° 46, et les commençants auront assez à faire pour être *corrects* avant de songer à être *plus riches*.

75.

Lorsqu'on emploie l'accord de septième, est-il toujours nécessaire d'en frapper les quatre notes?

Non; il est même plus élégant (et ici l'élégance ressort précisément de la simplicité), et plus facile de supprimer dans l'accompagnement la note qu'on entend à la mélodie.

PLANCHE S.

1   2   3   4   5   6   7   8   9   10   11   12

Les six petites croix † marquent les accords de 7me dans lesquels on a supprimé la note qui s'entend à la mélodie; remarquez que le pouce ne bougeant pas de la quinte pendant les dix premiers accords (et il pourrait y rester tout le temps), cela devrait engendrer la monotonie; mais il y a tant de variété dans les notes de la basse, que l'accompagnement, sans être beaucoup plus difficile, est plus élégant et préférable, sans contredit, à une alternative pure et simple de l'accord sur tonique et de l'accord sur quinte. Faites-en l'expérience en accompagnant comme ci-dessous, planche T, la même phrase mélodique, et vous comparerez les deux effets.

PLANCHE T.

76.

Quel est le doigter de tous les exercices de la planche S?

Le doigter de ces exercices est identique comme dans les autres formules afin que la répétition du même mécanisme (1) grave mieux

---

(1) Qu'on ne trouve pas étrange mon fréquent appel au *mécanisme;* il y en a plus qu'on ne pense, même dans les opérations les plus relevées de l'intelligence ; et tant que celle-ci n'est que soulagée, dirigée, aidée et non absorbée par celui-là, nous restons dans le vrai. (Comme j'ai résolu de ne pas discuter, je renvoie le lecteur à ce que dit de la *bête* et de l'*autre* le spirituel auteur du *Voyage autour de ma Chambre).* Ainsi, l'on s'est moqué des orgues à cylindre, et avec quelque raison, car ici le mécanisme ne laisse absolument rien à l'intelligence et ne requiert que la force du poignet; il est d'ailleurs limité au nombre d'airs inscrits sur la quantité plus ou moins grande, mais restreinte, des cylindres de rechange. Or, on s'est un peu moqué aussi du transpositeur de l'abbé Clergeau, et cette fois l'on avait tort, car les ressources du transpositeur aident l'intelligence, et ces ressources sont aussi vastes que le domaine de l'intelligence elle-même, c'est-à-dire presque illimitées. Aussi l'orgue à cylindre a été détrôné par le transpositeur, qui a conquis sa place dans le monde musical. Qui sait même si celui-ci, en bon prince qu'il est, n'a pas rendu des services à ceux-là même qui s'en moquaient tout d'abord ? Les ingrats !

Le transpositeur a fait pour les instruments à clavier ce que fait dans la guitare le *mécanisme* du silet mobile, ce que fait dans les cors et les cornets le *mécanisme* des tubes de grosseur et de longueur différentes, pour la différence des tons; je ne sache pas que les plus habiles guitaristes et cornistes aient jamais eu honte d'employer ces moyens.

dans la tête les effets harmoniques qu'il produit. Ainsi, dans le premier accord les doigts sont placés selon la formule et frappent l'harmonie de la tonique à l'état direct. (Harmonie principale).

Dans les numéros 4 et 8, qui sont le premier renversement de l'accord de septième, le petit doigt descend d'un demi-ton et trouve la 7me note de la gamme qni est la tierce de l'accord de septième; le second doigt se substitue au troisième pour frapper la touche supérieure à la distance d'un demi-ton, et par ce mouvement se trouve rapproché du pouce qui n'a pas abandonné la quinte; or, ce pouce immobile favorise très-bien le retour à l'harmonie principale, état direct.

Dans les numéros 2, 6 et 10, qui sont le second renversement de l'accord de septième, le 4me doigt se substitue au 5me pour frapper la touche supérieure à la distance d'un ton, et trouve ainsi la seconde note de la gamme, qui est la quinte de l'accord de septième. Les deux autres notes comme dans le premier renversement.

Le troisième renversement est peu usité, du moins l'on peut s'en passer sans que l'harmonie en souffre, comme on peut le voir par les exemples en question.

Enfin, dans l'accord n° 11, la septième de dominante est à l'état direct, et se résout par conséquent sur l'accord final n° 12, conformément à la règle de résolution, planche Q, page 53, et à la 2me règle de la succession des harmonies.

77.

Les exercices de la planche S nous signalent un grand avantage de l'accord de septième; n'en avez-vous pas annoncé un autre?

Oui; celui de procurer un plus grand nombre de notes communes, propres à éviter des suites de quintes.

Planche U.

Sans les deux *ut* du commencement, on serait exposé à faire entendre la suite de quinte *ré, fa, la,* ou à supprimer une note dans cette dernière harmonie en l'appauvrissant, tandis qu'avec l'*ut* commun, on supprime le *la* dans le second accord (le *la* est à la mélodie), et l'on a encore un accord de quatre notes après avoir évité la suite de quinte.

Même résultat au second membre de phrase.

APPLICATION DES FORMULES

78.

Lorsqu'on est parvenu à bien faire tous les exercices indiqués sur les formules, et que les notions expliquées jusqu'à présent sont bien comprises, comment arrive-t-on à l'application de ces formules et de ces notions ?

Il faut s'exercer à reconnaître dans le chant certaines agglomérations de notes qui forment un sens particulier au milieu du sens général.

79.

Cette reconnaissance est-elle facile, et quel moyen avez-vous de la faire ?

Les notes se succèdent dans une pièce de chant, comme les mots dans le discours. Or, dans le discours, le sens général est coupé en périodes ; les périodes sont divisées en phrases, et celles-ci en membres de phrases composés d'un certain nombre de mots.

La syntaxe grammaticale permet de reconnaître et de classer tous ces éléments du discours.

La pièce de chant ou *mélodie* est aussi une espèce de discours ; elle se compose de périodes musicales qui suivent ordinairement les périodes du texte (excepté quelquefois dans les proses et les hymnes) ; chaque période se subdivise en phrases, et chaque phrase en plusieurs membres composés d'un certain nombre de notes.

La période est formée par une agglomération de notes que j'appelle un groupe, et qui se termine par une dernière note sur laquelle on *tombe* pour se reposer : ce repos prend le nom de *cadence*, du latin *cadere* ; et comme les différentes périodes d'un discours ont un rapport suivi entre elles, de même les divers groupes d'une mélodie ont aussi des rapports entre eux, et je classe les repos ou cadences dans la mélodie, comme j'ai classé les formules harmoniques.

80.

Combien comptez-vous de ces cadences ?

Il y en a de quatre espèces :

    La cadence parfaite,

    La cadence imparfaite ou demi-cadence,

    La cadence plagale,

    La cadence rompue ou imprévue.

De même que la phrase grammaticale peut *tomber* sur divers signes de ponctuation, pour un sens suspendu, et sur un point pour le sens final ; ainsi la phrase musicale tombe sur la cadence imparfaite ou sur la cadence imprévue, quand le sens

n'est que suspendu pour être repris; et sur la cadence parfaite,
quand le sens est complet (1).

PLANCHE V.

La cadence plagale ou oblique consiste à faire entendre l'harmonie de la *quarte* immédiatement avant une cadence parfaite
sur la tonique. Ce genre est très-usité dans la musique d'Eglise et
dans la musique profane, quand celle-ci veut imiter celle-là.

PLANCHE X

---

(1) En d'autres termes, la cadence imparfaite c'est la virgule, ou le point et
virgule, ou les deux points; la cadence imprévue, c'est le point d'interrogation ou
d'exclamation; la cadence parfaite, c'est le point final.

Enfin, la cadence rompue ou imprévue [1] a été expliquée au n° 73; mais voici sa planche explicative :

PLANCHE Y.

De l'*ut*, harmonie sur la quinte, on a pu deux fois conclure sur la tonique *fa*, et deux fois au lieu de cette harmonie *attendue* on a trouvé une harmonie imprévue. L'une représentée par l'accord n° 2, a donné *ré* mineur; l'autre, représentée par l'accord n° 4, a donné *réb* majeur; ce n'est qu'à la 3me fois, accord n° 6, que nous voyons enfin la *vraie* cadence *finale*. Ces deux exemples de cadence imprévue ne sont pas les seuls possibles, mais ils suffisent pour l'intelligence de ce genre de cadence.

La cadence imparfaite se fait ordinairement sans préparation sur l'harmonie de la dominante du ton principal, pendant que la mélodie fait entendre l'une des trois notes de cette harmonie; elle peut se faire aussi dans le chant sur la tonique, ou sur la tierce du ton principal, et alors on l'accompagne par l'harmonie de tonique.

---

[1] Quelques auteurs appellent cette cadence évitée, rompue, brisée. Elle n'est pas *évitée*, puisqu'elle a lieu; mais elle s'opère là où elle n'était pas attendue; c'est pourquoi je préfère l'appeler *imprévue*.

Mais la cadence parfaite se fait toujours, sur la finale de ton [1] ou du groupe actuel, par un état direct, précédé d'un accord parfait majeur sur sa quinte, pareillement à l'état direct (55). Celui-ci peut devenir un accord de septième sur la dominante, voyez paragraphes 26 et 58, page 39, avant la planche K.

Enfin, cet accord sur quinte ou de septième sur dominante est ordinairement précédé d'une harmonie de tonique; mais cette fois l'état direct n'est pas de rigueur : on rencontre très-souvent le deuxième renversement, accord de quarte et sixte qui caractérise mieux la marche d'une basse. (Voyez le n° 88 et ses planches pour le cas où cette harmonie serait précédée d'un accord du second degré, premier renversement, accord de sixte).

En résumé, la cadence parfaite est représentée par ces trois harmonies :

(Voir planche Z ci-derrière).

LA DERNIÈRE (DÉSIGNÉE PAR A),

Accord de tonique ou du premier degré;

LA PÉNULTIÈME (DÉSIGNÉE PAR B),

Accord de quinte ou du cinquième degré, quel que soit le mode de l'harmonie finale, ou ce même accord converti en septième sur dominante, par la superposition d'une troisième tierce mineure.

L'ANTÉPÉNULTIÈME (DÉSIGNÉE PAR C),

Accord de tonique, le plus ordinairement au deuxième renver-versement, accord de quarte et sixte, plus rarement à l'état direct, presque jamais au premier renversement.

Chacune de ces harmonies peut être représentée dans la mélodie par plusieurs notes, si la même harmonie convient à chacune d'elles.

---

[1] Je réserve toujours les troisièmes et les quatrièmes tons du plain-chant. (Ci-après 83, article 7).

5.

PLANCHE Z.

81.

Comment pouvez-vous classer tous les groupes?

J'avoue que la manière dont les livres de chant sont notés rend ce travail peu facile pour les chantres qui ne comprennent pas le latin. Quant aux ecclésiastiques, ils sont guidés par le texte; car la barre verticale qui sépare les mots est au moins insignifiante; il serait plus rationnel, comme le font au reste dans leurs ouvrages didactiques MM. Fétis, Clément, de la Fage et le P. Lambillotte, il serait, dis-je, plus rationnel de réunir les notes en groupes séparés par des barres, suivant la diversité des cadences, ou d'après chaque période de la mélodie. Dans quelques livres imprimés récemment, on s'est appliqué à retrouver ces groupes primitifs.

On en compte autant que de formules harmoniques, car celles-ci ont été *formulées* pour accompagner ceux-là.

Or, la même formule sert tant que dure le groupe, et tout doit y être enchaîné suivant ce qui est prescrit à la section 3me.

Quand le groupe change, il vous est loisible de déplacer votre main gauche pour la poser sur une autre formule; mais si vous pouvez opérer cette transition sans trop de *brusquerie* et au moyen d'un enchaînement harmonique, la transition n'en sera que plus belle.

82.

Il me semble qu'un morceau de plain-chant dans lequel vous donneriez un exemple de chaque groupe, avec la manière de l'accompagner, ferait encore mieux comprendre ce que vous venez d'expliquer ?

Il y a précisément l'antienne du *Magnificat,* deuxième dimanche de l'*Avent,* qui présente à elle seule des cadences en *ré* mineur, en *fa* majeur, en *sol* majeur et en *ut* majeur ; j'ajouterai un verset d'un *trait* (dimanche de la *Sexagésime*) qui offre une cadence en *la* mineur, et l'on verra comment s'appliquent les formules.

Planche AA.

Antienne du Magnificat, **2ᵐᵉ** *dimanche de l'Avent.*

83.

N'y a-t-il pas certaines observations particulières, propres à chaque ton du plain-chant?

Oui, et nous allons consacrer un article à chaque ton authentique et à son plagal.

ARTICLE 1er.

1er Ton Authentique
Et Son Plagal (le 2me).

Ces deux tons terminent par *ré*, sur lequel on fait une harmonie de *ré* mineur; on arrive à ce *ré* final par *ut* ou par *mi;* dans le premier cas, l'*ut* est dièze, *même dans la mélodie;* et dans les deux cas, l'harmonie est celle de *la* majeur (¹).

Les groupes de notes sont surtout des formules de *fa* majeur ou de *ré* mineur; voilà pourquoi je suppose pour l'accompagnement le *sib* à la *clef*, sauf à varier l'harmonie, suivant d'autres accidents de modulation, si la mélodie en amène. Il est clair que si la mélodie présente un groupe où je trouverai *si* naturel suivi de *ut* ou de *la*, je passerai aux formules de *ut* majeur ou de *la* mineur, et ainsi des autres, car les premiers tons peuvent avoir aussi des cadences en *sol* majeur.

---

(1) Voyez surtout ceci, le paragraphe **IX** tout entier de la *Méthode de Plain-Chant*, par Fétis; il a pour titre : « De l'Application des tons du plain-chant aux « tons de l'orgue. »

Voyez aussi la *Méthode de Plain-Chant* de M. Félix Clément, page 97 et suivantes.

Article 2.

3ᵐᵉ Ton Authentique
Et Son Plagal (le 4ᵐᵉ).

Ces deux tons ont cela de particulier que leur note finale n'est pas, comme dans les six autres, précédée d'une autre note sur laquelle on puisse faire l'harmonie majeure de la quinte; on arrive à cette finale par le *fa* au-dessus ou par le *ré* au-dessous; et sur ces deux notes on fait entendre l'harmonie de *ré* mineur, la basse arrivant sur le *mi* final par un *ré*, quand le chant y arrive par *fa, et vice versâ.*

Cette même espèce de cadence pourrait très-bien être pratiquée aussi dans d'autres tons : par exemple, quand la mélodie fait *sol-la* ou *sib-la*, avec des formules de *fa* majeur et de *ré* mineur, on peut arriver sur le *la* à une cadence en *la* majeur, précédée de l'harmonie de *sol* mineur, par les mêmes procédés que pour une finale de 3ᵐᵉ ou de 4ᵐᵉ ton; quand la mélodie fait *ut-si* ou *la-si,* on peut arriver à une cadence en *si* majeur par *la* mineur, avec les mêmes procédés ; mais ceci est en dehors des formules, et l'élève intelligent étant une fois en train de chercher des harmonies plus riches, trouvera de plus en plus les moyens de varier son harmonie sans le secours du présent travail.

84.

La finale de ces deux tons s'écartant de la marche des formules, ne pourriez-vous pas en donner l'application ?

Planche BB.

L'harmonie de *mi* majeur est de beaucoup préférable à l'autre, parce qu'elle a l'avantage d'être mieux caractérisée.

Vous devez voir, en effet, que le dernier accord sur le *mi* est privé de sa quinte. (C'est qu'il n'y a, en réalité, aucun chemin par où elle pût arriver, à moins de faire deux quintes de suite par degrés conjoints (60) et qui plus est *en montant !* (61) Or, la suppression du *si* réduisant l'accord aux deux notes *mi* et *sol*, si le *sol* est naturel, comme il devrait l'être en *mi* mineur, ces deux notes pourront être aussi bien un fragment de l'harmonie d'*ut* majeur que de l'harmonie de *mi* mineur, puisque *mi* et *sol* font partie de l'un et de l'autre (39).

Au surplus, faites-en l'expérience et comparez : en bornant votre accord final aux deux notes *mi* et *sol* dièze sans la quinte *si* qui est inadmissible, vous obtenez un effet satisfaisant, tandis que *mi* et *sol* naturel laissent du vague comme terminaison.

Dans les Psaumes, le *mi* final est quelquefois précédé de *sol*, alors on accompagne ce *sol* par *ut* majeur ou par *sol* majeur à l'un de ses renversements, car les deux états directs présenteraient une suite d'octaves entre la basse et le chant.

ARTICLE 3

5ᵐᵉ Ton Authentique
Et Son Plagal (le 6ᵐᵉ)

Ces deux tons sont ceux qui se rapprochent le plus des allures musicales ; ce sont de vrais *fa* majeurs, et la formule de ce nom *peut* suffire pour les accompagner *presque* tous.

ARTICLE 4

7ᵐᵉ Ton Authentique
Et Son Plagal (le 8ᵐᵉ)

La finale de ces deux tons est *sol* majeur ; mais, dans le *courant* de la pièce, il est possible de rencontrer toutes les formules.

Le *sol* final est précédé de *la* ou de *fa* ; dans ce dernier cas, on fait *fa* dièze, *même à la mélodie*, et dans les deux, l'harmonie de *ré* majeur.

85.

Ne pourriez-vous pas maintenant donner quelques plains-chants avec l'accompagnement?

Si nous avions pour toute la France un chant *uniforme*, j'avoue que j'aurais cédé à la tentation de publier tout ce qui se chante dans le courant de l'année, avec un accompagnement pour la main gauche.

Dans l'impossibilité de faire ce travail avec quelque fruit, au milieu des différences de rite, et même des différences notables d'édition dans le rite romain auquel reviennent aujourd'hui plusieurs diocèses, je ne prendrai pas le *moyen terme* qui consisterait à en publier quelques-uns. (Voir une note à la fin du volume.)

86·

N'y a-t-il pas quelque ton qui soit plus difficile que les autres?

Oui; le 2mo, à cause de sa cadence si fréquente en *ré* précédé de *ut*. Il n'est pas aisé, pour un commençant, de faire à propos *ut* dièze avant ces cadences en *ré*, et de distinguer tout de suite s'il y a réellement cadence; car autrement il vaudrait mieux laisser l'*ut* naturel, pour y faire cadence en *ut* majeur ou en *la* mineur. Quand on a fait la cadence en *ré*, et que la note suivante de la mélodie est un *ut*, il faut bien se garder de l'accompagner par l'harmonie d'*ut*; il en résulterait une suite d'octaves entre le chant et la basse, et aussi une suite de quintes, si les deux harmonies se succédaient à l'état direct; il faudrait alors accompagner l'*ut* par une harmonie de *fa* majeur, qui est une relation très-naturelle de *ré* mineur.

Au reste, tout dépend, ici comme ailleurs, de ce qui suit ou de ce qui précède; car, si habituellement il faut que l'œil soit en avant de la main de deux ou trois notes afin de *prévoir* les harmonies convenables, cela est surtout vrai du 2mo ton. En revanche, tous les autres doivent paraître assez faciles pour quiconque possèdera parfaitement ses formules.

APPENDICE A LA SECTION CINQUIÈME

87.

De quoi faut-il s'enquérir au début d'une pièce de chant?

Lorsqu'on commence un morceau, il faut tout d'abord s'enquérir de la finale; ensuite, on cherche à distinguer le premier groupe de notes afin d'y adapter sa formule; car le début d'une pièce de plain-chant peut n'avoir qu'un rapport très-éloigné, ou même n'en pas avoir du tout avec sa finale; par exemple, il y a des septièmes tons qui n'ont presque pas d'autre harmonie en *sol* majeur que celle de leur finale, tandis qu'ils présentent au début une formule de *ré* mineur, et plus loin des groupes en *ut* majeur, en *fa* majeur et même en *la* mineur.

Beaucoup de troisièmes et de quatrièmes ont presque tous leurs groupes ou leurs formules en *ut* et en *sol* majeurs, et n'ont des harmonies de *mi* que sur leur finale; encore sans les exigences de la règle 2ᵐᵉ (55), ce *mi* pourrait fort bien être considéré comme tierce d'*ut* majeur.

88.

Quand on a bien débuté, que faut-il observer encore pour continuer d'être correct?

Il faut remarquer les transitions d'un groupe à l'autre afin de les enchaîner; et pour en venir à une application de détails, voici une série d'observations sur les successions immédiates de note à note en commençant par *ut* et suivant l'ordre primitif des notes.

A

Lorsqu'on passe de *ut* à *ré* pour y faire cadence, l'*ut* doit être diézé. (C'est surtout pour cette question de dièze qu'il faut voir l'*Esthétique*).

B

Si l'on passe de *ut* à *ré* pour revenir à *ut* ou pour aller à *mi*, en abandonnant le retour sur *ré*, on accompagne les *ut* et les *mi* par *ut* majeur, et les *ré* par *sol* majeur.

C

Si du *mi* on continue à monter sur le *fa*, on fait successivement harmonie de *ut* allant sur *fa*, ou de *la* majeur allant sur *ré* mineur.

D

Une fois arrivé à *fa,* il est rare qu'on n'ait pas un groupe mélodique susceptible d'être accompagné par la formule entière de *fa* majeur; si ensuite on redescend, c'est le cas d'appliquer les observations A, B, C.

E

Si l'on dépasse la formule de *fa,* en allant de *si* à *ut*, ou de *ut* à *ré*, ou même encore de *ré* à *mi*, c'est le cas d'appliquer alors les formules d'*ut* majeur, de *la* mineur, ou de *sol* majeur, suivant l'occurrence.

F

Lorsque : 1° dans un groupe qui se termine par une cadence parfaite, votre mélodie aborde la quarte pour redescendre à la tonique par degrés conjoints, *fa, mi, ré, ut* (58);

Lorsque : 2° la tonique est précédée de la septième, et celle-ci précédée de la seconde, comme *ré, si, ut ;*

Lorsque : 3° la tonique est précédée de deux ou plusieurs fois la seconde.

Vous pouvez employer à l'accompagnement pour le premier cas la marche suivante :

PLANCHE CC.

Pour le second cas, cette modification de la même marche.

PLANCHE DD.

Et pour le troisième cas, les mêmes harmonies qu e dans le second. (Planche DD.)

Nota. L'avant-dernière harmonie peut être un accord de 7me sur la dominante, ou simplement cet accord de dominante, même base, *ad libitum*.

89.

Comment peut-on parvenir à faire toutes ces applications à première vue ?

Je conseille à chacun d'adopter une pièce de chant en particulier, et de s'exercer à l'accompagner correctement jusqu'à ce qu'on la sache parfaitement et sans la moindre hésitation.

Lorsqu'on sera parvenu à saisir la pièce adoptée, *currente*..... non pas *calamo*, mais *digito*, on aura fait un pas immense ; alors on cherchera quelque chose de plus que la *stricte correction* ; on s'exercera à trouver des harmonies plus riches et plus variées, et si l'on est embarrassé dans quelque autre pièce, on comparera avec ce que l'on sait déjà ; et comme les groupes de notes ne présentent pas de notables différences, on pourra dire souvent : *ab uno disce omnes*.

90.

.Y a-t-il réellement moyen de résoudre toutes les difficultés qui peuvent se présenter dans l'accompagnement du plain-chant ?

1re RÉPONSE. — Il arrive parfois qu'on rencontre un passage qui déconcerte les règles ; alors on sue sang et eau pour trouver une raison à ce passage, et motiver l'exception. Or, il y a cent à parier contre un que ce passage a été altéré par un copiste qui se trompait de bonne foi, ou bien audacieusement interpolé par quelque novateur prétentieux qui croyait que son idée était bien préférable à celle qu'il mettait de côté (1) ; et qu'on ne vienne pas objecter, suivant le pays qu'on habite ou le rite qu'on suit, que l'on possède des livres exempts de fautes. Si quelqu'un se vantait à bon droit d'avoir le chant primitif, ce chant grégorien après lequel on soupire, tout serait dit ; mais, hélas ! qu'on est loin de ce résultat ! Et encore ! je suis porté à croire que le but qu'on poursuit en reprenant le chant romain, ce n'est pas un chant plus ou moins ancien, ni même plus ou moins *romain*, c'est plutôt un courant vers l'unité. Le seul moyen d'avoir ce chant *un* serait donc de le recevoir de Rome comme centre et autorité, si non comme canal de la tradition.

2me RÉPONSE. — Il est des difficultés pour lesquelles je crois qu'on n'a découvert jusqu'ici aucune solution satisfaisante (2).

---

(1) Ceci n'est point particulier à la musique ; on a soutenu plus d'un combat littéraire pour expliquer tel ou tel passage d'un écrivain célèbre, parce que tel mot était écrit d'une façon dans un manuscrit, et d'une façon différente dans une autre copie du même manuscrit.

Quelques professeurs rougissent d'avouer ces lacunes dans la science, et tâchent de les voiler sous un galimatias *théorique et technique*, tout en faisant un appel très-pressant à l'oreille de leur élève pour le convaincre de la vérité de la démonstration.

Cette oreille, ainsi invoquée, se trouve parfois très-peu satisfaite, et ne transmet aucune conviction ; mais, de guerre lasse, l'élève qui, après tout, n'ose pas pousser le maître au pied du mur (¹), lui répond qu'il a compris, alors que le maître peut dire en lui-même : « Certes, je te bénis, ô élève docile ! Mais si tu « comprends, tu es plus heureux que moi !!! »

CONCLUSION.

Il est possible que le présent opuscule, malgré tout le soin avec lequel je l'ai rédigé, n'aille pas au-devant de toutes les dificultés que présente la matière.

Si quelques-uns de mes souscripteurs y voyaient une erreur à corriger, une amélioration à introduire, un passage peu clair à élucider, je les prie instamment de vouloir bien me transmettre leurs remarques, et je me ferai un bonheur de les mettre à profit dans une seconde édition, s'il y avait lieu d'en publier une.

---

(1) Tous les élèves ne sont pas aussi *têtus* que ce médecin allemand, élève de Weber, qui, par des pourquoi impertinents et inexorables, arrachait à son illustre maître cet aveu extrêmement remarquable : « Malgré tout mon savoir, je suis fort « souvent embarrassé ; car la musique manque d'une base solide, d'une direction « invariable... »

On peut voir dans la *France Musicale* du 25 février 1845, sous le titre : *Biographie de Ch.-M. Weber*, une lettre de cet illustre compositeur, d'où sont extraits les quelques mots ci-dessus.

J'avais donc quelque raison de soutenir, dès le début de cet ouvrage (paragraphe 2) que les éléments seuls présentent une série de faits sur lesquels tous les théoriciens sont à peu près d'accord.

PUISSE LA BIENHEUREUSE VIERGE IMMACULÉE

BÉNIR CE TRAVAIL QUE JE TERMINE AUJOURD'HUI

31 mai 1856,

Et que je lui consacre à la fin de ce mois destiné à l'honorer d'une
manière toute particulière!!!

NOTE DU PARAGRAPHE 85

Si quelqu'un se trouvait tellement embarrassé, que la difficulté lui parût réellement *insurmontable,* et qu'il en désirât néanmoins la solution, il n'aurait qu'à m'écrire pour cela, sans autre formalité que d'affranchir sa lettre, et d'y insérer un timbre-poste pour l'affranchissement de ma réponse. Toutefois, dans le cas où l'on voudrait non-seulement une solution de la difficulté, mais un ou plusieurs morceaux de plain-chant transcrits avec l'accompagnement de la main gauche, je pourrais encore faire ce genre de travail; mais alors on voudrait bien m'en envoyer le prix, et l'établir suivant l'étendue du morceau demandé. Je ne fixe pas de taux : l'Ecclésiastique qui me ferait sa demande aurait la bonté de l'accompagner du prix fixé par lui-même.

TABLE

Section II.

THÉORIE DES ACCORDS ET LEUR NOMBRE.

Section III.

SUCCESSION DES HARMONIES.

Section IV.

PRATIQUE DE L'ACCOMPAGNEMENT.

Section V.

APPLICATION DES FORMULES.

Si les développements que j'ai donnés à mon *Plain-Chant* n'avaient pas accru les frais d'impression d'une manière aussi notable, j'aurais ajouté à la table ci-dessus, *sans augmentation de prix*, un Dictionnaire des mots les plus usuels avec les numéros des paragraphes où ils sont expliqués. Ce travail est fait toutefois, et il suivra de près le *Plain-Chant* dont il est le *complément très-utile*. Il sera, au besoin, une espèce d'*errata* pour deux ou trois endroits qui sont susceptibles d'un peu plus de développement dans le corps de l'ouvrage; seulement, ceux de MM. les souscripteurs qui désireraient le recevoir voudront bien m'envoyer dix timbres de 20 centimes dans une lettre affranchie (1).

Lorsque j'annonçai le *Plain-Chant*, j'ajoutai que si cet ouvrage était accueilli favorablement, j'en publierais un autre aussi élémentaire sur la *Mélodie*, afin d'enseigner à MM. les Ecclésiastiques l'art de composer eux-mêmes ou au moins d'arranger des airs de cantiques. Ce projet ayant reçu des adhésions, la souscription est ouverte dès ce moment.

Mais comme la *Mélodie* exige des planches plus étendues et plus nombreuses que le *Plain-Chant*, le prix sera de 5 fr.

Mon manuscrit sera livré à l'imprimeur dès que j'aurai reçu 60 souscriptions. Quand l'ouvrage aura paru, le prix en sera augmenté, excepté toutefois pour les abonnés du *Cantique*.

---

(1) Il pourra être envoyé avec les *planches*, qui seront prêtes dans la première quinzaine de juillet.

LES SEPT ROMANCES, ALBUM DES PENSIONNATS (Paroles pures)

AVEC ACCOMPAGNEMENT DE PIANO. (in-4º. Net : 7 fr)

Il reste quelques romances détachées.

Fourvières, solo et chœur. . 1 fr.	Consolation . . . . 1 fr.
Rose des champs, duo. . . . 1 fr.	Bouquet voyageur, barcarole. 1 fr.

(Même format) Ave Regina (Ant. à la Ste Vierge), solos et ch. à 4 voix, et orgue.

L'*Hymne* (nº 3) étant presque épuisé, et l'*Album* (nº 4) l'étant tout-à-fait, j'en prépare une deuxième édition, qui sera considérablement augmentée, sans que le prix le soit dans les mêmes proportions.

L'*Album des Pensionnats* contiendra cette fois, outre les romances et l'*Hymne à Marie*, plusieurs morceaux (qu'on m'a souvent demandés) pour la fête d'un père, d'une mère, d'un curé, d'un supérieur ou d'une supérieure de pensionnat, et pour distributions de prix.

Mais afin de ne pas trop faire attendre l'ensemble de mon travail, je le diviserai en plusieurs livraisons de huit pages, comme pour le *Cantique*, et l'on pourra souscrire pour le nombre qu'on voudra. PRIX DE LA LIVRAISON : 1 fr. 20 c.

Indépendamment des prospectus et des spécimens, j'envoie aussi à *titre d'essai* tout ou partie des diverses publications indiquées ci-dessus aux personnes qui veulent voir *avant d'acheter*, car je tiens essentiellement à ce qu'on n'éprouve pas de regret, *après* avoir fait la dépense; j'y mets les conditions suivantes :

Si l'envoi ne convient pas : 1º on me le renverra *intact* et *franco* dans l'intervalle de dix jours (1) *au plus tard;* 2º on aura la loyauté de n'en rien copier; 3º on me remboursera en timbres-poste les frais de mon envoi infructueux (5 centimes pour chaque feuille dont le nombre sera indiqué sur la bande), plus un timbre pour l'affranchissement de la lettre d'envoi.

NOTA. — Quand on renvoie, il est bon de se servir de la même bande en la retournant, afin que je sache de qui vient ce renvoi.

Pour la commodité de MM. les Abonnés qui sont éloignés des bureaux où l'on délivre des mandats, j'accepterai le prix de leur abonnement en timbres-poste.

---

(1) **Après ce délai, je considérerai l'envoi comme accepté définitivement**, et l'on voudra bien m'en envoyer le prix. La faculté d'examen ayant été un avantage pour le demandeur, tandis qu'elle était pour moi une chance contraire, il n'est pas raisonnable de m'imposer en sus la charge de réclamer le paiement.

St-Étienne, imp. PICHON, rue Brossard, 9.

9 782013 724616